AF475303

HISTOIRE
D'UNE
JEUNE FILLE
SAUVAGE,

Trouvée dans les Bois à l'âge de dix ans.

Publiée par Madame H.... Hecquet.

A PARIS.

M. DCC. LV.

AVERTISSEMENT.

LE *Mercure de France du mois de Décembre 1731 fait mention d'une jeune Fille sauvage trouvée dans le bois de Songi, près Châlons en Champagne. Voici ce que j'ai pû recueillir de plus certain sur son Histoire, tant par les questions que je lui ai faites en différens tems que par le témoignage des personnes qui l'ont connue quand elle commença à parler François.*

HISTOIRE D'UNE JEUNE FILLE SAUVAGE.

AU mois de Septembre 1731, une fille de neuf ou dix ans pressée par la soif, entra sur la brune dans le Village de Songi, situé à quatre ou cinq lieues de Châlons en Champagne, du côté du midi. Elle avoit les pieds nuds, le corps couvert de haillons & de peaux, les cheveux sous une calotte de calebasse, le visage & les mains noirs comme une Négresse. Elle étoit armée d'un bâton court & gros par le bout en forme de massue. Les premiers qui l'apperçurent s'enfuirent en criant, *voilà le Diable*; en effet, son ajustement & sa couleur pouvoient bien donner cette idée à des Païsans. Ce fut à qui fermeroit le plus vîte sa porte & ses fenêtres. Mais quelqu'un croyant apparemment que le Diable avoit peur des chiens, lâcha sur elle un dogue armé d'un collier à pointes de fer; la Sauvage le voyant approcher en fureur l'attendit de pied ferme, tenant sa petite masse d'armes à deux mains, en la posture de ceux, qui pour donner plus d'étendue aux coups de leur coignée, la lèvent de côté, & voyant le chien à sa portée, elle lui déchargea un si terrible coup sur la tête qu'elle l'étendit mort à ses pieds. Toute joyeuse de sa victoire elle se mit à sauter plusieurs fois par dessus le corps du chien. * De-là elle essaya d'ouvrir une porte, & n'ayant pu y réussir, elle regagna la campagne du côté de la rivière, & monta sur un arbre où elle s'endormit tranquillement.

* Quelques personnes qui ont connu la jeune Sauvage peu de tems après son apparition content diversement l'avanture du chien. Quelques uns la placent à Châlons peu après sa prise; mais du moins, il est certain d'ailleurs que cet enfant n'avoit point peur d'un gros chien, & qu'elle a fait plusieurs fois ses preuves à cet égard.

Feu M. le Vicomte d'Epinoy étoit pour lors à son château de Songi, où ayant appris ce que les uns & les autres disoient de cette petite Sauvage, entrée sur ses terres, il donna ses ordres pour la faire arrêter, & surtout, au Berger qui l'avoit vu le premier dans une vigne. Parmi les personnes qui étoient en cette campagne, quelqu'un par une conjecture fort simple, mais dont on fit honneur à sa grande connoissance des mœurs & coutumes des Sauvages, devina qu'elle avoit soif, & conseilla de faire porter un seau plein d'eau, au pied de l'arbre où elle étoit, pour l'engager à descendre. Après qu'on se fut retiré, en veillant néanmoins toujours sur elle, & qu'elle eût bien regardé de tous côtés si elle n'appercevoit personne, elle descendit & vint boire au seau, en y plongeant le menton; mais quelque chose lui ayant donné de la défiance, elle fut plutôt remontée au haut de l'arbre qu'on ne put arriver à elle pour la saisir. Ce premier stratagême n'ayant pas réussi, la personne qui avoit donné le premier conseil, dit qu'il falloit poster aux environs une femme & quelques enfans, parce qu'ordinairement les Sauvages ne les fuyoient pas comme les hommes, & surtout qu'il falloit lui montrer un air & un visage riant. On le fit : une femme portant un enfant dans ses bras, vint se promener aux environs de l'arbre, ayant ses mains pleines de différentes racines & de deux poissons, les montrant à la Sauvage, qui tentée de les avoir, descendoit quelques branches & puis remontoit ; la femme continuant toujours ses invitations avec un visage gay & affable, lui faisant tous les signes possibles d'amitié, tels que de se frapper la poitrine, comme pour l'assurer qu'elle l'aimoit bien & qu'elle ne lui feroit point de mal, donna enfin à la Sauvage la confiance de descendre pour avoir les poissons & les racines qui lui étoient présentées de si bonne grace ; mais la femme s'éloignant insensiblement donna le tems à ceux qui étoient cachés de se saisir de la jeune fille pour l'emmener au château de Songi. Elle ne m'a rien dit de sa douleur de se voir prise, ni des efforts qu'elle fit sans doute pour s'échaper ; mais on peut bien en juger ; ce qu'elle se rappelle, c'est qu'il lui paroît qu'elle fut prise deux ou trois jours après avoir passé la rivière. Cette rivière est sans doute la Marne, qui passe à une demi lieue de Songi vers le Levant : ainsi la petite Sauvage venoit du côté de la Lorraine.

Le Berger & autres qui l'avoient arrêtée & menée au Château, la firent d'abord entrer dans la cuisine, en attendant qu'on eût averti M. d'Epinoy. La première chose qui parut y fixer les regards & l'attention de la petite fille, furent quelques volailles qu'accommodoit un Cuisinier ; elle se jetta dessus avec tant d'agilité & d'avidité, que cet homme lui vit plûtôt la pièce entre les dents, qu'il ne la lui avoit vû prendre. Le Maître étant survenu, & voyant ce qu'elle mangeoit, lui fit donner un lapin en peau, qu'elle écorcha & mangea tout de suite. Ceux qui l'examinèrent alors, jugèrent qu'elle pouvoit avoir 9 ans. Elle étoit noire, comme j'ai dit ; mais on s'apperçut bien-tôt, après l'avoir lavée plusieurs fois, qu'elle étoit naturellement blanche, ainsi qu'elle l'est encore aujourd'hui. On remarqua aussi qu'elle avoit les doigts des mains, surtout les pouces, extrêmement gros par proportion au reste de la main, qui est assez bien faite. Elle m'a fait voir qu'encore actuellement elle a aux pouces quelque chose de cette grosseur, & elle a ajouté, que ces pouces plus gros & plus forts lui étoient bien nécessaires pendant sa vie errante dans les bois, parce que lorsqu'elle étoit sur un arbre, & qu'elle en vouloit changer sans descendre, pour peu que les branches de l'arbre voisin approchassent du sien, ne fussent-elles pas plus grosses que le bout du doigt, elle appuyoit ses deux pouces sur une branche de celui où elle étoit, & s'élançoit sur l'autre comme un écureuil. De-là on peut juger quelle force & quelle roideur devoient avoir ses pouces pour soutenir ainsi son corps en s'élançant. Cette comparaison est d'elle, & pourroit bien venir de l'idée des écureuils volans qu'elle a pû voir dans sa jeunesse * : ce qui donne un nouveau poids aux conjectures que nous ferons sur le païs où elle est née.

M. d'Epinoy la laissa sous la garde du Berger, dont la maison tenoit au Château, en la lui recommandant comme une chose qui lui tenoit à cœur, & du soin de laquelle il seroit bien payé. Cet homme la mena donc chez lui

* Voyez ci-après *les Extraits de la Hontan*, Nº 6.

pour commencer à l'aprivoiser : de-là vint qu'on l'appelloit dans le canton *la bête du Berger*. On peut bien juger qu'on ne l'aura pas si-tôt dèsaccoûtumée, ni sans mauvais traitemens, des inclinations d'un naturel sauvage & féroce, & des habitudes qu'elle avoit contractées. Au moins ai-je bien compris qu'elle ne jouissoit pas de sa liberté dans cette maison, puisqu'elle m'a dit qu'elle trouvoit moyen de faire des trous aux murailles & aux toits, sur lesquels elle couroit aussi hardiment que sur terre, ne se laissant reprendre qu'à grand peine, & passant (à ce qu'on lui a rapporté) avec tant de subtilité par des ouvertures si petites, que la chose paroissoit encore impossible après l'avoir vûe. Ce fut ainsi qu'elle échappa une fois entr'autres de cette maison par un temps affreux de neige & de verglas; elle gagna les dehors, & fut se réfugier sur un arbre. La crainte des reproches & de la colère du Maître, mit cette nuit tout le monde en mouvement; on la chercha dans toute la maison, ne pouvant penser que par ce froid & la gêlée qu'il faisoit, elle eût pû gagner la campagne: néanmoins y étant allé voir comme par surabondance de recherche, on l'y trouva, comme je viens de dire, perchée sur un arbre, dont heureusement on eut l'adresse de la faire descendre.

J'ai vû quelque chose de l'agilité & de la légéreté de sa course; rien n'est plus surprenant : elle m'en montra un reste, ce que l'on ne peut guère se représenter sans l'avoir vû, tant sa façon de courir est prompte & singulière; quoique de longues maladies & le défaut d'usage depuis bien des années lui ayent fait perdre une partie de son agilité. Ce ne sont point des enjambées, ses pas ne sont ni formés ni distincts comme les nôtres; c'est une espece de *piétinement* précipité qui échappe à la vûe; c'est moins marcher que glisser, en tenant les pieds l'un derrière l'autre. A peine il est possible de distinguer de mouvement dans son corps & dans ses pieds, & encore moins de la suivre. Ce petit essai qui ne fut rien, puisqu'il se fit dans une salle de peu d'étendue, me persuada néanmoins de ce qu'elle m'avoit dit auparavant, que même plusieurs années depuis sa prise, elle attrapoit encore le gibier à la course, & qu'on en avoit fait voir la preuve à la Reine de Pologne, mere de la Reine;

probablement en 1737, lorsqu'elle alla prendre possession du Duché de Lorraine. Cette Princesse passant à Châlons, on lui parla de la jeune Sauvage qui étoit alors dans la Communauté qu'on appelle des Régentes, & on la lui amena: elle étoit aprivoisée depuis quelques années; mais son humeur, ses manières, & même sa voix & sa parole, ne paroissoient être, à ce qu'elle assure, que d'une petite fille de quatre à cinq ans. Le son de sa voix étoit aigu & perçant quoique petit, ses paroles brèves & embarrassées, telles que d'un enfant qui ne sçait pas encore les termes pour exprimer ce qu'il veut dire: enfin ses gestes & façons d'agir familières & enfantines, montroient qu'elle ne distinguoit encore que ceux qui lui faisoient le plus de caresses. La Reine de Pologne l'en accabla; & sur ce qu'on lui apprit de sa légéreté à la course, cette Princesse voulut qu'elle l'accompagnât à la chasse. Là se voyant en liberté, & se livrant à son naturel, la jeune Fille suivoit à la course les lièvres ou lapins qui se levoient, les attrapoit & revenoit du même pas, les apporter à la Reine. Cette Princesse témoigna quelque désir de l'emmener avec elle pour la placer dans un Couvent à Nancy ; mais elle en fut detournée par les personnes qui avoient soin de son instruction dans le Couvent de Châlons, où feu Mgr. le Duc d'Orleans payoit alors sa pension. La Reine de Pologne se contenta de promettre d'écrire en sa faveur à la Reine de France sa fille, en lui envoyant une plante à plusieurs branches de fleurs artificielles que lui avoit présenté la jeune Sauvage, qui avoit déja acquis le talent qu'elle a cultivé depuis, d'imiter le naturel dans ces sortes d'ouvrages. Elle a fait dans la Reine de Pologne une perte dont les bontés de la Reine sa fille peuvent seules la dédommager. Je reviens au temps voisin de sa prise, & au commencement de son éducation ; mais avant que de passer outre, il faut dire ce qu'on a pû savoir de certain de ses avantures avant son apparition dans le Village de Songi.

Mademoiselle le Blanc (c'est le nom qu'elle porte aujourd'hui) se ressouvient très-distinctement d'avoir passé une rivière deux ou trois jours avant sa prise, & l'on verra bientôt que c'est un des faits le plus constant de son Histoire. Elle avoit alors une compagne un peu plus âgée qu'elle & noire comme elle, soit que ce fût la couleur naturelle de cette autre enfant, soit qu'elle eut été peinte comme la petite le Blanc. Elles passoient la rivière à la nage & plongeoient pour attraper du poisson, comme je l'expliquerai plus au long, lorsqu'un Gentil-homme du voisinage appellé M. de S. Martin, ainsi que l'a su depuis Mademoiselle le Blanc, ne voyant de loin que les deux têtes noires de ces enfans aller & venir sur l'eau, les prit d'abord, comme il l'a conté lui-même, pour deux poules d'eau, & leur tira de loin un coup de fusil, qui heureusement ne les atteignit point, mais qui les fit plonger & aborder plus loin.

La petite le Blanc tenoit pour sa part un poisson à chaque main & une anguille entre ses dents. Après avoir éventré & lavé leur poisson, elle & sa compagne le mangèrent, ou plutôt le devorèrent; car selon ce qu'elle m'a représenté, elles ne mâchoient pas leur nourriture, mais la portant à la bouche elles la déchiquetoient avec les dents de devant en petits morceaux, qu'elles avaloient sans les mâcher. Leur repas fait, elles prirent leur course dans les terres en s'éloignant de la rivière. Peu de tems après, celle qui est devenue Mademoiselle le Blanc apperçut la premiere à terre un chapelet, que quelque passant avoit sans doute perdu. Soit que ce fut un objet nouveau pour elle, ou qu'elle se rappellât d'en avoir vû de semblable, elle se mit à faire des sauts & des cris de joie, & craignant que sa compagne ne s'emparât de ce petit trésor, elle porta la main dessus pour le ramasser, ce qui lui attira un si grand coup de masse sur la main qu'elle en perdit l'usage dans le premier moment, mais non la force de rendre avec l'autre à sa compagne un coup de son arme sur le front qui l'étendit par terre poussant des cris horribles. Le chapelet fut le prix de sa victoire ; elle s'en fit un bracelet. Cependant, touchée apparemment de compassion pour sa camarade, dont la plaie saignoit beaucoup, elle courut chercher quelques grenouilles, en écorcha une, lui colla la peau sur le front pour en arrêter le sang, & banda la plaie avec une laniere d'écorce d'arbre, qu'elle arracha avec ses ongles ; après quoi elles se séparerent, la blessée ayant pris son chemin vers la rivière, & la victorieuſe vers Songi.

On conçoit bien que tous ces détails ainſi que pluſieurs de ceux qui précédent & qui ſuivent, ou que je ſupprime, n'ont pû être rendus par Mademoiſelle le Blanc que depuis qu'elle a pû s'expliquer en François; mais quant au fait principal du combat des deux petites filles, c'eſt un des premiers dont on a été informé. On avoit vû deux enfans paſſer la rivière à la nage, ainſi qu'on l'a rapporté plus haut, on ne put donc manquer de demander au moins par ſignes à la petite le Blanc, auſſi-tôt après ſa priſe, & dans un tems où la mémoire du fait étoit bien récente, ce qu'étoit devenue ſa compagne? elle répondit par ſignes, ſans doute, & en répétant auſſi les expreſſions que peut-être on lui ſuggéroit, qu'elle *l'avoit fait rouge*, pour dire qu'elle avoit fait couler ſon ſang; expreſſion qu'on a beaucoup répétée dans le tems, & dont il n'eſt cependant fait aucune mention dans la Lettre imprimée dans le Mercure de France *, dattée de Châlons du 9 Décembre 1731. c'eſt-à-dire environ deux mois après la

* Voyez cette Lettre ci-après, No. 2.

prise de la jeune Sauvage, qui ne savoit encore, dit l'Auteur de cette Lettre, *que quelques mots François mal articulés*, dont il rapporte quelques-uns.

Je n'ai pû rien découvrir de certain touchant le sort de la compagne de Mlle. le Blanc. M. de L.. ci-devant Gouverneur des enfans du Vicomte d'Epinoy, rapporte, que lorsqu'il a connu cette dernière, deux ans après sa prise, on disoit dans le païs qu'on avoit trouvé l'autre petite fille morte à quelques lieues de l'endroit où elles s'étoient battues. Mlle. le Blanc, sans dire qu'elle fût morte ou non, dit avoir appris qu'on l'avoit trouvée aux environs de Toul en Lorraine. Il faudroit pour cela que dangereusement blessée comme elle étoit, elle eût repassé la Marne à la nage, ce qui n'est guères vraisemblable, non plus que ce que Mlle. le Blanc croit avoir oui dire, qu'on avoit trouvé sur cette enfant, qui étoit plus grande & plus âgée qu'elle, quelques papiers qui pouvoient donner des éclaircissemens sur leurs avantures précédentes. La Lettre déja citée, écrite dans un temps fort voisin de l'événement, dit seulement, qu'on avoit revû la petite négresse auprès de *Cheppe*, Village voisin de Songi, d'où elle avoit ensuite disparu. Quoiqu'il en soit, on n'en a plus entendu parler depuis.

Il y a beaucoup plus d'obscurité encore sur ce qui a précédé l'arrivée de ces deux enfans en Champagne, Mlle. le Blanc n'en conserve que des souvenirs éloignés & confus. Je rapporterai cependant tout ce que j'ai pû tirer d'elle par les différentes questions que je lui ai faites à loisir & en différens tems, depuis que je la connois, & je tacherai d'en tirer des conjectures vraisemblables sur le païs où elle est née, & sur les avantures qui ont pû la conduire en Champagne. Revenons à la suite de son histoire.

Les cris de gorge qui lui servoient de langage, ne furent pas, je pense, le plus rare sujet des mauvais traitemens qu'elle eut quelquefois à essuyer. C'étoit quelque chose d'effrayant, surtout ceux de colère ou de frayeur : j'en puis juger sur un des plus petits de joie ou d'amitié qu'elle contrefit devant moi, & qui n'auroit pas laissé de m'épouvanter si je n'eusse été prévenue. Mais les plus terribles étoient lorsque par une horreur qui lui étoit naturelle, quelqu'un qu'elle ne connoissoit pas, l'approchoit & vouloit là toucher : on en vit une rude expérience chez M. de Beaupré, aujourd'hui Conseiller d'État, & alors Intendant de Champagne. Il s'étoit fait amener la petite Sauvage chez lui, peu de temps après qu'elle eut été déposée à l'Hôpital-général de St. Maur à Châlons, ou son *Extrait baptistaire* * fait foi qu'elle entra le 30 Octobre 1731. Un homme à qui on rapportoit l'horreur qu'elle avoit d'être touchée, se fit fort néanmoins de l'embrasser, malgré tout ce qu'on put lui dire du risque qu'il couroit en l'approchant, n'étant pas connu d'elle ; l'enfant tenoit alors un filet de bœuf crud, qu'elle mangeoit avec grand plaisir, & par précaution on la retenoit par ses habits : dès qu'elle vit cet homme près d'elle en action de lui prendre le bras, elle lui appliqua, tant avec sa main qu'avec son morceau de viande, un tel coup au travers du visage, qu'il en fut étourdi & aveuglé au point qu'à peine se put-il soutenir. Mais en même-temps la Sauvage qui s'imaginoit que ceux qu'elle ne connoissoit pas étoient des ennemis qui en vouloient à sa vie, ou qui craignoit le châtiment de ce qu'elle venoit de faire, s'échappa, cou-

* Voyez ci-après *l'Extrait baptist.* N°. 1.

rut à une fenêtre, par où elle voyoit des arbres & une rivière pour y sauter & s'y sauver, ce qu'elle eût fait si on ne l'eût retenue.

Le plus difficile à réformer en elle, & peut-être le plus dangereux, ce fut la nourriture des viandes crues & saignantes, ou de feuilles, branches & racines d'arbres; son tempérament & son estomac accoutumés par l'usage continuel à des alimens cruds & remplis de leur suc naturel, ne pouvoit se faire à des nourritures plus délicates, que la cuisson rend indigestes, suivant l'aveu de plusieurs Médecins. Pendant qu'elle fut au Château de Songi, & même pendant les deux premières années qu'elle fut à l'Hôpital St. Maur de Châlons, M. le Vicomte d'Epinoy, qui en prenoit soin, avoit donné ordre de lui porter de temps en temps ce qu'elle aimoit le mieux en racines & fruits cruds; mais elle fut privée en cette Communauté presque totalement de viandes & de poissons cruds, qu'elle trouvoit abondament au Château de Songi. Il paroit surtout qu'elle aimoit le poisson, soit par goût, soit par l'habitude & la facilité qu'elle avoit acquise dès son enfance de l'attraper dans l'eau plus aisément que le gibier sur la terre à la course. M. de L.. se souvient que deux ans après sa prise elle conservoit encore ce goût pour attraper le poisson dans l'eau, & m'a conté, qu'un jour qu'il étoit au Château de Songi avec le Vicomte d'Epinoy qui y avoit fait amener la petite Sauvage, elle ne s'apperçut pas plûtôt qu'on avoit ouvert une porte qui donnoit sur un étang de la grandeur de plusieurs arpens, qu'elle courut s'y jetter tout habillée, se promena en nageant de tous côtés, & s'arrêta sur une petite isle, où elle mit pied à terre pour attraper des grenouilles, qu'elle mangea tout à son aise. Ceci me rappelle un trait assez plaisant que je tiens d'elle-même.

Lorsque M. d'Epinoy étoit à Songi, & qu'il y venoit compagnie, il se plaisoit d'y faire amener cette enfant, qui commençoit à s'aprivoiser, & dans laquelle on commençoit à découvrir une humeur fort gaie, & un caractère de douceur & d'humanité que des mœurs sauvages & féroces, nécessaires à la conservation de sa vie, n'avoient pas entièrement effacé; puisque hors les cas où elle paroissoit craindre qu'on ne voulût lui faire quelque tort, elle étoit fort traitable & de bonne humeur. Un jour donc qu'elle étoit au Château, & préſente à un grand repas, elle remarqua qu'il n'y avoit rien de tout ce qu'elle trouvoit de meilleur : tout étant cuit & aſſaiſonné. Elle partit comme un éclair, courut ſur les bords des foſſés & des étangs, & rapporta plein ſon tablier de grenouilles vivantes, qu'elle répandit à pleines mains ſur les aſſiettes des convives, en diſant, toute joyeuſe d'avoir trouvé de ſi bonnes choſes, *tien man man, donc tien*; ce qui étoit alors preſque les ſeules ſyllabes qu'elle pût articuler. On peut bien juger des mouvemens que cela cauſa parmi ceux qui étoient à table, pour éviter ou rejetter à terre les grenouilles qui ſautoient par-tout. La petite Sauvage, toute étonnée de ce qu'on faiſoit ſi peu de cas d'un mets ſi exquis, ramaſſoit avec ſoin toutes ſes grenouilles éparſes, & les rejettoit dans les plats & ſur la table : la même choſe lui eſt arrivée pluſieurs fois en différentes compagnies.

Ce ne fut qu'avec d'extrêmes difficultés qu'on la déſaccoûtuma des nourritures crues, & que petit à petit on la reſtreignit aux nôtres. Les premiers eſſais qu'elle fit pour s'accoûtumer à celles où il y avoit du sel, comme aussi à boire du vin, lui firent tomber toutes les dents, qui furent gardées, dit-elle, de même que ses ongles, par curiosité. Ses dents sont revenues, & elles sont à présent comme les nôtres; mais sa santé ne revint pas, & est restée jusqu'aujourd'hui très-delabrée. Elle ne fit plus que passer d'une maladie mortelle à une autre, toutes causées par des douleurs insupportables dans l'estomac & dans les entrailles, & surtout dans la gorge, qui étoit rétrécie & dessechée, ce que les Médecins attribuoient au peu d'exercice & au peu de nourriture qu'avoient ces parties par proportion à celle qu'elles avoient eu dans l'usage des viandes crues. Ces douleurs lui causoient souvent des contractions de nerfs dans tout le corps, & des épuisemens qu'aucune de ces nourritures cuites ne pouvoient reparer. Ce fut peut-être par quelques-uns de ces accidens qui la menaçoient d'une mort prochaine, qu'on crut devoir avancer son *baptême* *. Elle n'a conservé aucun souvenir de cette cérémonie; elle dit seulement avoir oüi dire depuis, qu'elle devoit avoir pour Parrein & Marreine M.

* Voyez l'*Extrait baptistaire* ci-après, No. 1.

de Beaupré, Intendant de Champagne, & une Dame qu'on appelloit Me. Dupin, ou M. l'Evêque de Châlons (M. de Choiseul) & Me. de Beaupré, l'Intendante; mais qu'à leur défaut, & en leur nom, ce fut l'Administrateur & la Supérieure de l'Hôpital de St. Maur, qui la tinrent sur les fonds & la nommèrent, ainsi qu'elle m'a dit, Marie-Angelique Memmie le Blanc. Le nom de Memmie, qui est celui du premier Evêque de Châlons, lui fut donné, dit-elle, parce qu'elle étoit venue de bien loin chercher la foi dans le Diocèse où ce Saint l'avoit apportée autrefois; mais on voit par son Extrait baptistaire que son Parrein portoit ce même nom.

Il y avoit peu d'apparence de sauver la vie de Mlle. le Blanc : son mieux étoit une langueur qui la faisoit paroître comme mourante. Je tiens de M. de L.. que M. d'Epinoy, qui la vouloit conserver à quelque prix que ce fût, lui envoya un Médecin, qui ne sachant plus qu'ordonner, insinua qu'il faloit de tems en tems & comme en cachette lui donner de la viande crue. On lui en donnoit, dit-elle; mais elle ne faisoit que la mâcher pour en tirer le suc & le jus, ne pouvant plus avaler la chair même. Quelquefois une Dame de la maison qui l'aimoit beaucoup, lui apportoit un poulet ou un pigeon vivant, duquel elle suçoit d'abord le sang tout chaud, ce qui lui servoit, ajoute-t'elle, comme d'un baume qui s'insinuoit partout, adoucissoit l'acreté de sa gorge desséchée, & lui redonnoit des forces. Ce fut avec toutes ces peines & ces petites échappées, que Mlle. le Blanc s'est peu à peu dèsaccoûtumée de viande crue, & s'est enfin habituée aux viandes cuites, telles que nous les mangeons, & si parfaitement, qu'elle a aujourd'hui de la répugnance pour ce qui est crud.

Tant que vêcut M. le Vicomte d'Epinoy, qui vouloit toujours voir sa petite Sauvage, lorsqu'il étoit à Songi, il la tint en Communauté, soit à Châlons, soit à Vitri-le-François. Je juge qu'il ne vécut pas long-temps après sa prise, puisqu'il n'est fait aucune mention de lui entre les personnes désignées pour Parreins & Marreines de cette enfant, qui fut baptisée sept ou huit mois après; & que s'il eût vêcu alors, il y a bien de l'apparence qu'il en eût été le Parrein. Ce qu'il y a de certain, au rapport de M. de L.. c'est qu'après la mort de

M.

M. d'Epinoy, la petite le Blanc fut mise dans un Couvent à Chalons, & qu'au premier voyage que Madame d'Epinoy sa veuve, fit à Songi, ledit Sieur de L.. qui l'y accompagnoit, lui persuada de retirer cette jeune fille auprès d'elle où elle lui seroit moins à charge que de la tenir toujours dans des Couvents; cette Dame fut à Châlons dans ce dessein avec M. de L.. Ils trouverent la Dlle le Blanc assez formée & assez adroite à plusieurs ouvrages propres à son sexe, pour pouvoir rendre quelques petits services à cette Dame; mais la Superieure de cette Maison, on ne sçait par quel motif, si ce n'est par le danger du salut que cette enfant pouvoit courir dans le grand monde, détourna Madame d'Epinoy de la retirer, lui rapportant quelques petits traits qui ressentoient encore l'ancien amour de la liberté pour courir dans l'eau & monter sur les arbres. Cette Dame craignant que la petite fille ne fût de trop difficile garde, ne songea plus à la prendre chez elle. Ce fut ensuite M. de Choiseul, Evêque de Châlons, qui en prit soin dans une Communauté où elle avoit déja été, & où ce Prélat chargea M. Cazotte, son grand Vicaire, de veiller à son instruction.

Après y avoir passé plusieurs années & postulé pour s'y faire Religieuse, Mlle le Blanc prit du dégoût pour cette maison, par une sorte de honte d'y vivre avec des personnes qui se souvenoient de l'avoir vue au sortir des Bois, avant qu'elle fut appriyoisée, & qui le lui faisoient sentir durement. Elle obtint d'aller dans un autre Couvent à Ste Menehould. A son arrivée en cette ville, au mois de Septembre 1747, M. de la Condamine de l'Académie des Sciences, la trouva dans l'Hôtellerie où elle venoit de descendre; il y dina avec elle & l'Hôtesse, & s'entretint avec la Dlle le Blanc, sans qu'elle sçût qu'il la cherchoit, ni qu'elle fût l'objet de sa curiosité. Elle lui apprit les obligations qu'elle avoit à Mgr. le Duc d'Orléans, qui payoit sa pension depuis qu'il l'avoit vue en passant à Châlons au retour de Metz en 1744. Elle témoigna beaucoup de regret d'avoir été détournée de profiter des offres que ce Prince charitable lui avoit faites alors, de la faire venir dans un Couvent de Paris. M, de la Condamine promit à Mlle le Blanc d'être l'interprête de ses sentimens auprès de S. A. S. En effet, le Prince informé par lui de la situation de la Dlle le Blanc, & sur le témoignage que le grand Vicaire de Châlons rendit de sa conduite, la fit venir à Paris, la plaça aux Nouvelles Catholiques de la rue Sainte Anne, l'y alla voir & l'interrogea lui-même pour savoir si elle étoit bien instruite. Ce fut là qu'elle fit sa première Communion & qu'elle fut confirmée. Transferée depuis à la Visitation de Chaillot, toujours sous les auspices de feu Mgr. le Duc d'Orléans, elle se disposoit à se faire Religieuse, lorsqu'un coup qu'elle reçut à la tête, par la chute d'une fenêtre, & une longue maladie qui suivit cet accident, la mirent dans le plus grand danger. On désespéra de sa vie, & sur l'avis du Médecin, envoyé par le Prince, elle fut transportée par son ordre à Paris aux Hospitalieres du Faubourg S. Marceau, où elle étoit plus à portée des secours qu'exigeoit son état. Mgr. le Duc d'Orleans eut la bonté de la recommander à la Supérieure & aux Infirmieres, & de s'engager à payer outre sa pension, tous les remédes & les secours qui seroient jugés nécessaires.

Ce Prince a reçu sans doute le prix de sa charité en l'autre monde ; mais Mlle le Blanc n'en a pas beaucoup profité en celui-ci. Elle se trouvoit en quelque sorte abandonnée dans une maison où l'on avoit eu l'espérance d'avoir par son moyen un Prince pour Protecteur, & en lui une bonne caution pour la pension ; mais restée infirme & languissante dans ce même lieu, où l'on avoit perdu ces points-de-vûe, sans aucune ressource de famille ni d'amis, pour l'assister pendant sa maladie, ni même au cas qu'elle revint en santé, je laisse à juger quelles pouvoient être ses reflexions, & combien d'inattentions, de mortifications même, elle eut à essuyer de la part de ceux qui craignoient de n'être pas payés de ce qu'ils avançoient pour elle. C'est dans de si tristes circonstances que je la vis pour la première fois au mois de Novembre 1752. Elles n'étoient guères plus favorables, lorsqu'ayant recouvré un peu de force, elle put me venir dire elle-même que Mgr. le Duc d'Orléans, héritier des vertus de son pere, s'étoit chargé de payer les neuf mois de sa pension échus depuis la mort de ce Prince, & qu'on lui faisoit espérer qu'elle seroit comprise sur l'état de S. A. S. pour

200 liv. de pension viagère; à quoi elle ajouta, que comme ce dernier article ne seroit decidé que dans le mois de Janvier suivant, elle avoit accepté en attendant une petite chambre, qu'une personne qu'elle me nomma lui avoit offerte. Mais, lui dis-je, de quoi vivre dans cette chambre pendant deux mois, & peut-être plus, convalescente comme vous êtes? Pourquoi, dit-elle, avec une confiance qui m'étonna, Dieu me seroit-il venu chercher & tirer d'entre les bêtes farouches, & me faire Chrétienne? Seroit-ce pour m'abandonner quand je le suis, & pour me laisser mourir de faim? Cela n'est pas possible. Je ne connois que lui; il est mon pere; la Ste. Vierge est ma mere: ils auront soin de moi. Le plaisir que j'ai à rapporter cette réponse, me paye avec usure de la peine que j'ai prise à mettre en ordre tout ce que l'on vient de lire, & que je terminerai par donner un extrait des réponses de Mlle le Blanc aux différentes questions que je lui ai faites depuis que je la connois, sur ce qu'elle a pû se rappeller de ses premières années. J'y joindrai les conjectures que j'ai promises sur le païs où elle est née, & sur les événemens qui ont pû la conduire en

France, & préparer l'avanture singulière de sa découverte & de sa prise.

Mlle le Blanc avoue qu'elle n'a commencé à réfléchir que depuis qu'elle a reçû quelque éducation ; & que tout le temps qu'elle a passé dans les bois, elle n'avoit presque d'autres idées que le sentiment de ses besoins, & le désir de les satisfaire. Elle n'a mémoire ni de pere ni de mere, ni d'aucune personne de sa Patrie, ni presque de son païs même ; si ce n'est, qu'elle ne se rappelle point d'y avoir vû des maisons, mais seulement des trous en terre, & des espèces de huttes comme des baraques (c'est son terme) où l'on entroit à quatre pattes ; elle a même idée que ces huttes étoient couvertes de neige. Elle ajoute qu'elle étoit souvent sur les arbres, soit pour se garantir des bêtes féroces, soit pour mieux découvrir de loin les animaux proportionnés à ses forces & à ses besoins, & de-là se jetter dessus pour en faire sa nourriture. Ces premières traces, cette idée de sa première habitation, étoient si fortement gravées dans son cerveau, que dans le temps où elle commençoit à entendre le François, mais où elle ne pouvoit encore s'exprimer ; ce qui ne lui arriva que long-temps après sa prise, lorsqu'on lui demandoit d'où elle étoit, & qui étoient ses pere & mere, elle montroit un arbre, si elle étoit à portée de le faire, & la terre qui étoit au pied. Le seul événement de son enfance dont elle ait conservé un léger souvenir, c'est que lorsqu'elle étoit, dit-elle, bien petite, elle avoit vû dans la mer ou dans la rivière, elle n'a pû me dire lequel, une grosse bête qui nageoit avec deux pattes comme un chien, que sa tête étoit ronde comme celle d'un dogue, avec de grands yeux étincellans; que la voyant venir à elle comme pour la dévorer, elle s'étoit sauvée à terre, & s'étoit enfuie bien loin. Je lui demandai si cette bête n'avoit que deux pattes; si elle avoit du poil, & de quelle couleur elle étoit: elle me dit, qu'elle ne s'étoit pas donné le temps de la bien examiner, mais qu'elle n'avoit vû que deux pattes dont la bête battoit l'eau; qu'elle sembloit dehors à mi-corps, tout le reste étant sous l'eau; qu'il lui paroissoit qu'elle avoit vû du poil qui étoit gris-noirâtre & court, à peu-près, ajouta-t-elle, comme ces chiens qui ont le poil raz.

Cette description, si ressemblante à

celle du Loup marin *, cette forte inclination que Mlle le Blanc a conservé pendant plusieurs années depuis son séjour en France, pour se jetter dans l'eau, d'y pêcher à la main, d'y nager comme un poisson malgré le froid & la glace, de ne manger rien que de crud; les défaillances & les évanouissemens qu'elle éprouvoit dans les premiers temps à la chaleur du feu ou du soleil, me paroissent des preuves certaines qu'elle est née dans le Nord aux environs de la mer glaciale, où se fait la pêche des Loups marins. Et plusieurs autres observations, dont je ferai le Lecteur juge, me font soupçonner qu'elle est de la nation des Esquimaux, qui habitent la terre de Labrador, au nord du Canada.

Mlle le Blanc convient qu'il y a plusieurs choses, dans ce qu'elle m'a raconté à diverses reprises, dont elle n'oseroit assurer avoir conservé un souvenir distinct & sans mêlange des connoissances qu'elle a acquises depuis qu'elle a commencé à réfléchir sur les questions qu'on lui fit alors, & qu'on a continué de lui faire depuis.

* Voyez l'*Extrait des Voyages* de la Hontan, N° 6.

Cependant elle a toujours dit ou fait entendre, lorsqu'elle parloit à peine François, qu'elle avoit passé deux fois la mer; elle l'assura positivement à M. de la Condamine en 1747. Quant à ce qu'elle a dit quelquefois qu'elle a été long-temps sur mer, parce que le Vaisseau s'arrêtoit en différentes Isles, elle sent bien aujourd'hui que ce ne peut être là qu'une répétition de quelque commentaire qu'elle a entendu faire sur ses avantures. Je tiens de M. de L.. qu'il a oui dire chez M. le Vicomte d'Epinoy, que les deux petites Sauvages avoient même été vendues dans quelqu'une des Isles d'Amérique; qu'elles faisoient le plaisir d'une Maîtresse, mais que le mari ne pouvant les souffrir, la Maîtresse avoit été obligée de les revendre & de les laisser rembarquer, soit dans leur premier Vaisseau, soit dans quelqu'autre. Ces circonstances cadrent assez à celles qui sont rapportées dans la Lettre déja citée, imprimée dans le Mercure de France; mais on voit bien, encore une fois, que ces détails ne peuvent être que le résultat des conjectures, plus ou moins probables, que l'on forma sur les premiers signes & les premiers discours qu'on put tirer de la jeune Fille quand elle commença de parler François, quelques mois après qu'elle eut été trouvée, & qu'il est bien difficile de compter sur les circonstances d'un récit aussi détaillé, qui ne pourroit avoir été fait que par signes.

Je ne sais si on doit faire beaucoup plus de fond sur le prétendu souvenir de Mlle le Blanc, qu'il y avoit sur le Vaisseau qui l'a transportée, des gens qui entendoient son langage, qui ne consistoit qu'en cris aigus & perçans, formés dans la gorge, sans aucune articulation ni mouvement de lèvres. Quant à ses deux embarquemens dont elle a conservé une idée assez distincte, & sur quoi elle n'a jamais varié; ce qui semble confirmer leur réalité, ainsi que celle de quelque séjour dans un païs chaud, tel que nos Isles de l Amérique, c'est que les cannes de sucre & la cassave ou le manioc, que l'on sçait être des productions des climats les plus chauds, ne lui sont pas des objets inconnus; qu'elle se rappelle d'en avoir mangé, & qu'elle les saisit avidement lorsqu'on les lui présenta la première fois en France *. J'insiste sur ces circon-

* Voyez la Lettre du Mercure de Decembre 1731. No 2.

ſtances, parce qu'elles rendent plus compliquées les avantures qui ont pû conduire Mlle le Blanc des terres Arctiques, dont il paroît qu'elle eſt originaire, dans les Iſles Antilles, & de là en Europe ſur la frontière de France.

Elle & ſa compagne attrapoient elles-mêmes le poiſſon, ſoit dans la mer, ſoit dans les lacs ou rivières; car Mlle le Blanc n'a pû m'en faire la diſtinction, ni m'en dire autre choſe, ſi ce n'eſt que quand elles appercevoient dans l'eau quelques poiſſons, ayant la vûe très-perçante en cet élément, elles s'y jettoient, & remontoient ſur l'eau avec le poiſſon pour l'éventrer, le laver & le manger tout de ſuite, & retournoient en chercher d'autre. C'étoit donc au bord d'une rivière, ou, ſi c'eſt en mer, ce ne pouvoit être que lorſque le vaiſſeau étoit à l'ancre dans un port, ou dans une rade, qu'elles pêchoient de la ſorte; & une de ſes avantures me le confirme; car elle me dit, qu'un jour elle ſe jetta dans la mer, non pour pêcher, comme il paroît, puiſqu'elle ne vouloit pas revenir, mais pour s'enfuir à cauſe de quelques mauvais traitemens; & qu'après avoir nâgé bien longtemps, elle gagna enfin un rocher eſcarpé, où elle grimpa, dit-elle, comme un chat; on l'y suivit en chaloupe ou en canot, & on eut bien de la peine à la reprendre, après l'avoir trouvé cachée dans des buissons. Toutes ces circonstances désignent que le Vaisseau étoit près de terre, si toutefois cette avanture n'est pas cette échappée dont nous avons parlé plus haut, & dont M. de L.. fut témoin à Songi.

Il paroît qu'à cause de cette fuite ou d'autres pareilles, on renferma les petites Sauvages au fond de calle du Vaisseau; mais cette précaution pensa leur devenir funeste, & à tout l'équipage. Se sentant si près de l'eau, leur élément favori, elles s'avisèrent de gratter avec leurs ongles pour faire un trou au Navire, & pouvoir s'enfuïr par-là dans l'eau; on s'apperçut assez-tôt de ce bel ouvrage pour y remédier, & éviter un naufrage certain. Cette tentative fit qu'on enchaîna les deux petites Sauvages, de manière qu'elles ne pussent recommencer leur manœuvre.

De-là on peut juger que la garde de ces enfans demandoit bien des soins, qu'augmentoient sans doute leur aversion d'être touchées. Selon ce que dit Mlle le Blanc, leur approche n'étoit pas aisée à ceux qui les gouvernoient; car soit qu'elles tinssent d'origine cette horreur qu'elles avoient d'être touchées *, ou du souvenir de leur enlévement ou de la crainte de mauvais traitemens, elles entroient en fureur lorsqu'elles voyoient quelqu'un approcher d'elles, & il falloit se précautionner contre leurs armes & leurs ongles, ou à leur défaut, contre les coups de poings assenés avec une force de bras bien supérieure à celle des enfans de leur âge.

Lorsqu'elles arrivèrent en Champagne, elles avoient pour armes, au rapport de Mlle le Blanc, un bâton court d'une grosseur proportionnée à la force de leurs mains au bout duquel étoit une boule de bois très-dur ; le tout en forme de masse d'armes, & une espéce de serpette crochue de Jardinier, ainsi qu'elle a pu me le figurer, mais à deux lames plus larges, se repliant chacune de leur côté sur un manche de bois : celle-ci leur servoit paticuliérement à dépecer & éventrer les animaux qu'elles prenoient, ou à se défendre de près. Elles portoient ces armes, dit-elle, dans une espèce de sac **,

* Voyez *Relation de la Hontan sur les Esquimaux* ; ci-après No. 5.

** Voyez *l'Extrait de la Lettre de Me. Duplessis*, No. 4.

ou pôche attachée à une large ceinture de peau, qui leur venoit jusques près les genoux. Sur ce que je lui demandai, si cet habillement ne l'empêchoit pas de monter sur les arbres dont elle m'avoit parlé, elle me dit que non, parce qu'en pareil cas elles tenoient le derrière de cet habit avec leurs dents. Comme je m'informai plus curieusement de cet habit & de ses autres ornemens pour les mieux reconnoitre dans les desseins que j'ai qui représentent des Esquimaux, elle me dit qu'on lui avoit ôté chez M. le Vicomte d'Epinoy ses premiers habits, ses armes, son collier & pendans; qu'il y avoit quelques caractères inconnus imprimés sur ces armes, qui auroient pû faire mieux reconnoître sa Nation; mais que tout cela avoit été gardé comme une curiosité chez le Vicomte d'Epinoy, où elle a continué de les voir & même de les porter plusieurs fois. Cependant M. de L... m'a dit qu'il n'avoit point eu connoissance de ces armes; mais j'ai déja remarqué qu'il ne la vit pour la première fois dans cette même maison que deux ans après sa prise. Elle avoit alors pour habit une espèce de tunique; ou, comme elle dit elle-même, une jacquette de toile qui, selon M. de L.. ne l'empêcha pas, voyant une porte ouverte, de prendre sa course, & s'aller jetter dans un étang de plusieurs arpens, de s'y promener en nageant de tous les côtés, & de s'y arrêter, sur un peu de terre à sec qu'elle y trouva, pour y manger des grénouilles.

Il paroit qu'après l'évasion de ces deux enfans, de tel endroit que ce soit, encore incapables d'autres vûes & desseins, que de conserver leur vie & leur liberté, elles ne suivirent d'autres routes que celles que le hazard ou le besoin leur présentoient. La nuit où, selon Mlle le Blanc, elles voyoient bien plus clair que le jour ; ce qui ne doit pas être pris au pied de la lettre (& ses yeux ont encore un peu de cette propriété) elles couroient pour chercher à manger ou à boire. Le petit gibier au gîte, & les racines d'arbres, étoient leurs provisions, leurs armes & leurs ongles leur servant de pourvoyeur & de cuisinier. Elles passoient le jour, selon les lieux, dans des trous ou buissons, ou sur des arbres ; c'étoit leur refuge contre les bêtes sauvages, quand elles en appercevoient ; c'étoit leur donjon ou guéritte pour regarder au loin s'il n'y avoit pas quelques-uns de leurs ennemis à craindre en descendant : & c'étoit là qu'elles attendoient, comme à l'affût, qu'il passât quelque gibier, pour s'élancer dessus, ou le poursuivre. La Providence qui fournit à toutes les créatures tous les instincts & propriétés naturelles pour la conservation de leur espèce, avoit donné à celles-ci une mobilité d'yeux inconcevable ; leurs mouvemens étoient si prompts & si rapides, qu'on peut dire que dans un même moment elles voyoient de tous les côtés, sans presque remuer la tête. Le peu qui reste de cette habitude à Mlle le Blanc est encore étonnant lorsqu'elle le veut montrer ; car le reste du temps ses yeux sont comme les nôtres ; par bonheur, dit-elle, car on a eu bien de la peine à leur ôter ce mouvement, & on a souvent perdu l'espérance d'y réussir.

Les arbres étoient aussi leurs lits de repos, ou plutôt leurs berceaux ; car, selon ce qu'elle m'en a dépeint, elles y dormoient tranquillement, se tenant assises, & vraisemblablement à cheval sur quelques branches, se laissant bercer par les vents, & exposées à toutes les injures de l'air, sans autre précaution que celle de se servir d'une de leurs mains pour s'arcbouter ou s'affermir, tandis que l'autre main leur servoit de chevet.

Les rivières les plus larges n'interrompoient point leur course, soit de jour ou de nuit ; elles les traversoient sans crainte ; elles y entroient d'autres fois seulement pour boire, ce qu'elles faisoient en mettant leur menton dans l'eau jusqu'à la bouche, & humant ou suçant l'eau à la façon des chevaux ; le plus souvent c'étoit pour y pêcher à la main les poissons qu'elles voyoient au fond : elles les apportoient à terre dans leurs mains & dans leur bouche pour les vuider, les écorcher & les manger, comme je l'ai rapporté plus haut.

Comme je laissai voir à Mlle. le Blanc que j'avois peine à croire qu'on put se retirer d'une riviere profonde, ainsi qu'elle me l'assuroit, sans s'aider des mains & du souffle, elle me répondit qu'indépendamment de cela elle revenoit toujours sur l'eau, * & qu'elle n'avoit besoin pour y réussir, que du plus petit souffle, comme elle l'avoit encore éprouvé il n'y avoit qu'environ 4 ans. Elle m'en dépeignoit la maniere, en se tenant debout les deux bras étendus & éle-

* *Extrait de Lettre de Me. Duplessis.* N°. 4.

vés, comme si elle eût tenu quelque chose hors de l'eau, le bout de son mouchoir dans ses dents en guise de poisson, & avec cela soufflant alternativement, mais doucement & sans discontinuer des deux coins de sa bouche, ainsi à peu près que fait un fumeur par un seul coin lorsqu'il tient sa pipe en l'autre. Ce fut ainsi, selon que Mlle. le Blanc le raconte, qu'elle & sa compagne traversèrent la Marne pour arriver à Songi, où elle fut prise de la maniere que je l'ai rapporté.

Il reste à tirer de tous ces faits, qui ne sont pas également certains, des conjectures vraisemblables sur la maniere dont les deux petites sauvages ont pu être transportées dans notre continent & n'être découvertes qu'auprès de Châlons en Champagne.

Indépendamment de l'aversion naturelle qu'avoit Mlle. le Blanc pour le feu, de son inclination à se plonger dans l'eau par le tems le plus froid, de son goût dominant pour le poisson crud, qui faisoit son aliment favori, & des autres remarques précédentes qui ne permettent pas de douter qu'elle ne soit née dans les pays septentrionaux voisins de la mer glacialle, sa couleur blanche

& semblable à la notre achève de décider la question sans équivoque, puisqu'il est constant que tous les peuples originaires de l'intérieur de l'Afrique & des climats chauds ou temperés de l'Amérique sont ou noirs ou rougeatres ou bazanez. S'il n'étoit question que d'imaginer comment deux jeunes sauvages des terres Arctiques ont pu passer en France, mille conjectures différentes, également probables, pourroient satisfaire à cette question. Ce qui la rend plus difficile à résoudre ce sont non-seulement les deux divers embarquemens dont Mlle. le Blanc a conservé le souvenir, mais encore son passage & son séjour en des pays où il y avoit des cannes de sucre & de la cassave; aussi bien que la couleur noire artificielle dont on la trouva peinte. Il n'est pas ici question de faire un Roman ni d'imaginer des avantures, mais où la certitude manque on doit chercher la vraisemblance. Parmi les différentes conjectures que l'on peut faire pour lier ces différens faits, voici ce me semble une des plus simples & des plus vraisemblables.

On sçait que presque toutes les nations de l'Europe qui ont des colonies en Amérique, sont obligées d'y transporter des esclaves pour la culture des terres & la préparation des productions qu'on en retire, telles que le sucre, l'indigo, le tabac, le cacao, le café &c. Les Negres transportés d'Afrique en Amérique, dans un climat semblable au leur n'ont aucune peine à s'y accoutumer & y réussissent très bien ; mais on a tenté sans succès d'y naturaliser des sauvages des pays septentrionaux. Les Anglois, les Hollandois, les Danois ont comme nous des colonies dans plusieurs des Isles Antilles, & ils ont plus d'une fois enlevé des sauvages Esquimaux qui habitent la terre de Labrador au nord du Canada. Je supose qu'un Capitaine de navire parti de la Nort-Hollande, du nord de l'Ecosse ou de quelque port de Norvége, ait enlevé des esclaves dans les terres Arctiques, ou dans la terre de Labrador, & qu'il les ait transportés pour les vendre dans quelqu'une des colonies Européenes des Isles Antilles, elles y auront vû & mangé des cannes de sucre & du manioc. Le même Capitaine peut avoir ramené quelques uns de ces esclaves en Europe, soit qu'il n'eut pas trouvé à s'en defaire avantageusement, soit par caprice ou par curiosité, & la jeunesse de nos deux petites sauvages peut fort naturellement leur avoir valu cette préférence ; dans ce cas il est probable qu'il les aura vendues ou données en présent, à son arrivée en Europe. Il est encore assez vraisemblable que par plaisanterie ou par fraude on se soit avisé de les peindre en noir : c'étoit le moyen de les faire passer pour esclaves de Guinée, & de n'avoir point de compte à rendre de leur enlevement. Il y a en Amérique une plante dont on tire une eau claire & transparente qui appliquée sur la peau la noircit parfaitement, il est vrai que cette couleur se passe au bout de neuf ou dix jours, mais on peut la rendre plus durable en mettant plusieurs couches & en y mêlant divers ingrédients. Jusqu'ici nous n'avons rien suposé que de plausible, le reste approche beaucoup plus de la certitude & même de l'évidence

Il est incontestable que de façon ou d'autre ces deux enfans ont été transportés en Europe par mer. Or plus on suposera le lieu de leur débarquement voisin de celui où elles ont été trouvées, plus on retranchera du merveilleux de leur histoire. Qu'elles ayent été vendues dans quelque Port du Zuyder-zée, & de-là transportées par l'Issel, ou par les canaux, dont le païs est coupé, à l'habitation de leurs nouveaux Maîtres, par exemple en Gueldre ou dans le païs de Clèves sur les bords de la Moselle, on peut juger par ce qu'on a raconté de la petite le Blanc, long-temps après sa prise, combien elle & sa compagne devoient être de difficile garde, & qu'au premier moment qu'elles auront trouvé le moyen de s'échapper, elles n'en auront pas manqué l'occasion. Le païs est fort couvert : une fois qu'elles auront pû gagner la forêt des Ardennes, le reste s'explique de lui-même. On a vû qu'elles passoient les journees sur les arbres, qu'elles savoient se procurer leur nourriture, & qu'elles ne marchoient que la nuit. Elles auront erré au hazard, ou plutôt leur instinct les aura portées à s'avancer du côté où elles avoient vû le soleil pendant le jour, & sur-tout vers le point de l'horison, où elles le perdoient de vûe le soir, & où un reste de lumière, après son coucher, les guidoit, à l'heure où elles avoient coûtume de se mettre en chemin, comme lorsqu'elles passèrent la Marne à la nage. Cette marche pendant plusieurs mois, sans avoir fait peut-être 50 lieues en droite ligne, dans un païs de bois, les aura conduites vers le Midi & le Couchan : en Lorraine, & de Lorraine en Champagne, dans le canton où on les a trouvées ; & tout ce qu'on a vû dans les récits de Mlle le Blanc s'expliquera facilement.

On pourroit encore simplifier les conjectures précédentes, en supposant les deux petites Sauvages, transportées des terres Artiques aux Antilles Françoises, comme à Saint Domingue, à la Guadaloupe, ou à la Martinique, ont été achêtées là par quelque François, qui peu de temps après sera repassé en France avec sa famille, se sera établi en Lorraine, & y aura conduit ces deux enfans. Il est clair qu'elles n'auront pas tardé à s'échapper. On expliqueroit par-là fort naturellement comment la petite le Blanc a paru entendre quelques mots François, & en estropier quelques autres presqu'aussitôt après sa prise ; comment on a pû conjecturer par ses signes, & ensuite par ses discours, qu'elle avoit été auprès d'une Dame ; qu'elle avoit vû faire de la tapisserie. Enfin, cette nouvelle supposition n'exige qu'un assez court intervalle de temps, comme de douze ou quinze jours entre son évasion de chez ses Maîtres en Lorraine, & sa rencontre à Châlons, & l'on en expliquera d'autant mieux comment sa couleur noire duroit encore, quoiqu'elle eût passé au moins une rivière à la nâge. Je ne trouve plus qu'une difficulté. Il seroit bien surprenant que ces deux enfans ayant été trouvées si près du lieu d'où elles s'étoient enfuies ; & le fait étant devenu public, leurs Maîtres ne se fussent pas fait connoître : cependant cette objection n'est pas sans réplique. Peut-être leur Maître ou leur Maîtresse, degoûtés d'elles, & ayant perdu l'espérance de les apprivoiser, ne furent-ils pas fâchés d'en être debarrassés, & ne firent aucune demarche pour les retrouver, ou du moins n'insistèrent pas sur la restitution. Ceci devient plus qu'une conjecture, depuis que j'ai appris par M. de L.. qu'on avoit réellement fait des perquisitions du côté de la Hollande, autant qu'il s'en peut souvenir, & fait redemander la jeune Sauvage à feu M. d'Epinoy, qui ne voulut pas la rendre ; ce qui prouve toujours qu'elle ne fut pas reclamée avec beaucoup de vivacité.

Si on connoissoit une Nation à qui les cris de gorge aigus & perçans, familiers

miliers à Mlle le Blanc, tint lieu de langage, on connoîtroit précisément sa Patrie ; mais elle ne pourroit avoir été transférée de-là en France que par quelque évènement semblable à ceux que nous venons d'indiquer. On prétend que ce fut à l'occasion de la Lettre publiée dans le Mercure, que la petite Sauvage fut redemandée ; mais je n'ai pû découvrir précisément de quelle part. Il n'eût pas été difficile alors de remonter à la source, & l'on eût été beaucoup plus exactement informé de son histoire. Il est peut-être encore temps ; & cette Relation en devenant publique, pourra donner de nouvelles lumières. C'est une des raisons qui m'ont déterminée à la rediger.

J'ai prouvé qu'il y avoit beaucoup d'apparence que Mlle le Blanc est de la Nation des Esquimaux ; mais comme les preuves que j'ai alléguées pourroient presque également convenir aux Sauvages de Groënland, du Spitzberg & de la nouvelle Zemble, s'il importoit de sçavoir précisément si elle est née dans le continent de l'Amérique ou dans le nôtre d'Europe, cela seroit encore très-possible. On sait que les Sauvages Américains, hommes & femmes (*glabri*) ont un caractère distinctif, qui ne permet pas de les confondre avec les Européens, les Africains, ni les Asiatiques.

EXTRAIT

Des Registres des Baptêmes de l'Eglise Paroissiale de St. Sulpice de la Ville de Châlons en Champagne.

N° 1. *L'An de grace mil sept cent trente-deux, le 16e jour de Juin, a été baptisée par moi soussigné, Prêtre, Chanoine-Regulier, Prieur, Curé de St. Sulpice de Châlons en Champagne,* Marie-Angelique-Memmie, *âgée d'environ onze ans, dont le pere & la mere sont inconnus, comme ils le sont même à cette fille, qui est née ou qui a été transportée dès son bas âge dans quelque Isle de l'Amérique; d'où par les soins d'une Providence pleine de miséricorde, elle est venue débarquer en France, & conduite encore par la même bonté de Dieu en ce Diocèze; placée enfin sous les auspices de Monseigneur nôtre Illustrissime Evêque, à l'Hôpital-Général de St. Maur, où elle est entrée le 30 Octobre de la précédente année. Son Parrein a été M.* Memmie le Moine, *Administrateur dudit Hôpital; & la Marreine, Damoiselle* Marie-Nicole d'Halle, *Supérieure du même Hôpital de S. Maur; lesquels ont signé les jours & an que dessus. Ainsi signé,* Memmie le Moine. D'Halle. F. Couterot, *Chanoine-Reg. Prieur, Curé.*

Je, soussigné, Prêtre, Chanoine-Regulier, Prieur, Curé de St. Sulpice, certifie le présent Extrait conforme à son original. Délivré à Châlons ce 21 Octobre 1750. *Signé* DANSAIS, Prieur, Curé de Saint Sulpice.

Lettre écrite de Châlons en Champagne le 9 Déc. 1731, par M. A M. N... au sujet de la Fille Sauvage trouvée aux environs de cette Ville. *

PERSUADÉ, Monsieur, que vous ne cherchez qu'à contribuer, par vos Mémoires, à satisfaire la curiosité du Public en tout ce qui peut l'intéresser agréablement & utilement, j'aurai l'honneur de répondre à votre Lettre du 2 de ce mois sur l'état de la Sauvage, qui a été trouvée aux environs de Châlons, tant sur ce que j'en ai appris, que sur ce que j'en ai connu moi-même, pour l'avoir fait venir chez moi. Je vous dirai d'abord, que pour le peu de fréquentation qu'elle a eûe avec le monde, ne sachant encore que quelques mots François mal articulés, on ne peut presque pas conjecturer dans quel païs elle est née; mais certainement, par les circonstances dont je vais vous entretenir, elle n'est point de Norvège, (comme on l'a dit) on croit plutôt qu'elle est née dans les Isles Antilles de l'Amérique, qui appartiennent aux François, com- N° 2.

* Cette Lettre est imprimée dans le Mercure de France de Decembre 1731.

me la Guadaloupe, la Martinique, S. Christophe, S. Domingue, &c. parce qu'un particulier de Châlons qui a été à la Guadaloupe, lui ayant montré de la *cassave*, ou *manioc*, qui est un pain dont se nourrissent les Sauvages des Antilles, elle s'écria de joie sur ce pain; & en ayant pris un morceau, elle le mangea avec grand appetit: il lui fit voir aussi d'autres curiosités du même païs, à quoi elle prit un plaisir extraordinaire, faisant connoître qu'elle avoit vû de semblables choses; de sorte qu'il est à présumer qu'elle vient plutôt de ces païs-là que de la Norvège.

A force de la faire parler, on a sçu qu'elle a passé les mers; qu'ensuite une Dame de qualité a pris soin de son éducation, l'ayant faite habiller; car auparavant elle n'avoit qu'une peau qui la couvroit. Cette Dame la tenoit enfermée dans sa maison sans la laisser voir à personne; mais le mari de la Dame ne voulant plus la voir chez lui, pour ne point laisser trop long-temps un objet semblable devant les yeux de son épouse, cette Fille fut obligée de se sauver. Enfin, à la faveur de la Lune, qu'elle appelle *la lumière de la bonne Vierge*, ne marchant que la nuit, elle est parvenue au mois de Septembre dernier jusqu'à Songi, Village à 4 lieues de Châlons, lequel appartient à M. d'Epinoy, dont vous avez, depuis peu, annoncé le mariage avec Mlle de Lannoy, fille de M. le Comte de Lannoy.

On sait d'ailleurs qu'avant qu'elle fût arrivée à Songi, on l'avoit vûe au-dessus de Vitri-le-François, accompagnée d'une Négre, avec laquelle elle se battit, parce que la Négre ne vouloit pas qu'elle portât sur elle un Chapelet, qu'elle appelle *un grand Chime* : que la Sauvage s'étant trouvée la plus forte, la Négre la quitta; & depuis, la Négre a été vûe auprès du Village de Cheppe proche Songi, d'où elle a ensuite disparu. Pour notre Sauvage, le Berger de Songi l'ayant apperçue dans les vignes, écorchant des grenouilles, & les mangeant avec des feuilles d'arbres, elle fut amenée par ce Berger au Château de M. d'Epinoy, qui donna ordre au Berger de la loger, ajoutant qu'il auroit soin de sa nourriture, &c. L'attention que ce Seigneur a eu pour elle pendant près de deux mois, la souffrant la plus grande partie du jour à son Château, la laissant pêcher dans ses fossés, & chercher des racines dans ses jardins, a attiré beaucoup de monde chez lui. On remarquoit que tout ce qu'elle mangeoit, elle le mangeoit crud, ainsi que des Lapins qu'elle dépouilloit avec ses doigts aussi habilement qu'un cuisinier. On la voyoit grimper sur les arbres plus facilement que les plus agiles Bucherons; & quand elle étoit au haut, elle contrefaisoit le chant de différens oiseaux de son païs. Je l'ai vû moi-même dans un jardin de Châlons, cherchant des racines dans la terre, avec l'usage seul de son pouce & du doigt suivant, faisant ainsi des trous comme des terriers en un moment de temps, aussi habilement que si on se fût servi d'un hoyau.

M. l'Evêque de Châlons & M. l'Intendant l'ont vûe dans ces sortes d'exercices. M. l'Evêque a pris soin depuis de la placer dans l'Hôpital-général de cette Ville, où l'on reçoit les enfans des pauvres habitans, de l'un & de l'autre sexe, pour les y nourrir jusqu'à l'âge de 15 à 16 ans, qu'on leur fait apprendre des mêtiers. C'est-là qu'on tâche de l'humaniser tout-à-fait & de l'instruire. Elle mange quelquefois du pain, ce qu'elle fait par complaisance; car il lui fait mal au cœur, aussi-bien que tout ce qui est salé. Le biscuit & la viande cuite la fouit vomir : elle ne peut enfin rien souffrir où il entre de la farine. M. l'Intendant voulut lui faire manger des biegnets, elle n'a pû en goûter par cette raison. Elle trouve le macaron bon, & aime l'eau-de-vie, l'appellant un *brûle-ventre*. Pour l'eau, sa boisson ordinaire, elle la boit dans un seau, la tirant comme une vache, & étant à genoux. Elle ne veut point coucher sur des matelats, le plancher lui suffit. Elle nage fort bien, & pêche dans le fond des rivières. Elle appelle un filet *debily*, dans le patois de son païs. Pour dire, bon jour fille, on dit, selon elle, *yas yas, fioul*, ajoutant que quand on l'appelloit, on disoit, *riam riam, fioul ;* c'est ce qui fait connoitre qu'elle commence à entendre la signification des termes François, les interprétant par ceux de son païs.

Au reste, elle paroît âgée d'environ 18 ans*, étant de moyenne taille, avec

* Il y a sûrement ici une erreur ou d'impression ou de copiste. On voit par l'extrait de son baptême en Juin 1732, on ne lui donnoit qu'onze ans ; & elle devoit paroitre plus formée qu'une enfant de son âge, son temperament s'étant fortifié par la vie dure qu'elle menoit, exposée continuellement aux injures de l'air. Enfin aujourd'hui en 1754, elle ne paroit pas

le teint un peu bazanné : cependant sa peau au haut du bras paroit blanche aussi-bien que la gorge ; elle a les yeux vifs & bleus ; son parler est clair & brusque ; elle paroit avoir de l'esprit, car elle apprend aisément ce qu'on lui montre ; cousant assez proprement. Elle fait connoitre qu'elle sçait travailler à la tapisserie au petit point, par la manière dont elle indique qu'il s'y faut prendre, en faisant passer l'aiguille de dessus en dessous, & du dessous en dessus. La Supérieure de l'Hôpital dit, qu'elle sçait bien broder ; ce qu'elle a appris de la Dame qui en avoit pris soin : mais la Fille ne peut dire dans quel Païs ce pouvoit être, parce qu'elle ne parloit à personne, & ne sortoit point. On l'instruit cependant dans la Religion Chrétienne ; elle dit qu'elle veut être baptisée dans le *Paradis terrestre* ; terme dont elle se sert pour signifier nos Eglises. Les Curés du voisinage de Songy lui ont fait comprendre par des signes, qu'il ne falloit point grimper sur les arbres, cela étant indécent à une fille, aussi s'en abstient-elle présentement. Le bruit a couru qu'il y avoit des ordres pour la faire venir à

avoir plus de 33 ou 34 ans, quoiqu'elle ait eu de longues & de fréquentes maladies.

la Cour ; on ne sait comment elle l'a pû apprendre ; mais depuis, quand on vient la voir à l'Hôpital, elle n'ose presque paroitre, pleure & s'afflige, craignant que ce ne soit pour l'en faire sortir, parce qu'elle s'y plaît fort, & qu'on a beaucoup d'attention pour elle.

Voilà, Monsieur, tout ce que j'ai pû savoir sur l'état de cette fille. J'aurai soin de vous apprendre ses progrès spirituels, & la cérémonie de son Baptême quand il en sera temps. J'ai l'honneur d'être, &c.

Extrait d'une Lettre sur le même sujet.

DANS le séjour qu'elle a fait au Château & au Village de M. d'Epinoy, on a observé que la sagesse de cette jeune Fille est à toute épreuve ; l'argent dont elle ignore la valeur & peut-être l'usage, les ménaces & les caresses n'ont rien pû sur elle ; l'approche seule d'un homme qui veut la toucher, lui fait jetter des cris perçans, & jette dans ses yeux & dans tout son maintien un trouble que l'on ne peut assurement pas imiter.

On trouve que M. l'Intendant a très-sagement fait de la faire transférer dans un des Hôpitaux de Châlons, qu'on nomme la *Renfermerie*, pour être plus à portée d'approfondir son état & son origine, & pour lui donner l'éducation & les instructions dont elle paroit déja capable.

Avant cette retraite elle étoit beaucoup plus Sauvage : ceux qui l'ont vû courir à la campagne disent, que sa course a quelque chose d'extrêmement singulier ; son pas est court & peu avancé, mais si précipité & redoublé avec tant de vîtesse, qu'elle suivroit l'homme le plus léger, & le meilleur coureur Basque.

Cependant on l'emploie aux ouvrages de la maison ; elle se prête à tout de bonne grace ; rien ne paroit au-dessus de ses forces, ni contre sa volonté, persuadée qu'elle est, qu'il faut qu'elle obéisse pour aller voir un jour la Sainte Vierge sa mere.

M. l'Archevêque de Vienne passant dernièrement par cette Ville, voulut la voir. Elle fut menée pour cela chez M. l'Intendant par des Sœurs de la maison. Nous vîmes ce jour-là, avec une espéce d'horreur, cette fille manger plus d'une livre & demie de bœuf crud, sans y donner un coup de dent, puis se jetter avec une espéce de fureur sur un lapreau qu'on mit devant elle, qu'elle dèshabilla en un clin d'œil avec une facilité qui suppose un grand usage, puis le dévorer en un instant sans le vuider. M. l'Archevêque lui fit beaucoup de questions auxquelles elle répondit comme elle avoit déja fait à d'autres personnes, sans oublier l'avanture d'une Moresse, sa compagne de voyage, qu'on a revûe depuis, mais qu'on n'a pû encore joindre. Les Sœurs dirent que depuis quelque temps on travailloit à la rapprocher par degrés de notre façon ordinaire de vivre, malgré l'anthipatie de son estomac pour la viande cuite & le pain; ce qui la fait vomir jusqu'au sang. On travaille singulièrement à lui apprendre les principes de la Religion, pour la mettre en état de recevoir le premier Sacrement.

Fondemens des conjectures qui font juger que Mlle le Blanc étoit de la nation des Esquimaux, Sauvages habitans la terre de Labrador, dans le Nord du Canada.

MADAME Duplessis de Sainte Hélène, Parisienne de naissance, mais Religieuse depuis 46 ans à l'Hôtel-Dieu de Quebec en Canada, & mon intime N°. 3.

amie, m'a fait un présent que j'ai reçu cette année 1752. Ce sont plusieurs figures des Sauvages avec lesquels les François & les Missionnaires de la nouvelle France ont quelques relations. Ces figures, dont plusieurs forment des ménages complets, sont habillées différemment, chacune selon la mode de leur nation; car quoiqu'ils soient presqu'entièrement *nuds* chez eux, ils ont quelques espèces d'habits ou de couvertures pour leurs jours de Fête; & quand ils viennent commercer avec les Européens. Entre ces figures sont celles des Esquimaux, homme & femme, portant son enfant, & avec cela une ample relation des mœurs de tous.

Les habillemens de peaux de ces Esquimaux, joint à ce que ma Relation porte de leur païs, figure & mœurs particuliers, me parut si ressemblant à ce que Mlle le Blanc & autres disoient à son sujet, que je soupçonnai dans le moment qu'elle étoit de cette nation. Pour m'en assurer davantage, je voulus sonder la nature en elle, & après lui avoir dit qu'on m'avoit envoyé du Canada plusieurs sortes de figures que je lui voulois faire voir, je fis apporter la boëte aux poupées sauvages. A l'ouverture, je m'attachai à examiner ses mouvemens & ce qui frapperoit d'abord ses yeux. Quoiqu'il y en eût plusieurs plus agréables, & bien plus enjolivées que celles des Esquimaux, qui ont à peine figure d'homme, elle porta tout d'un coup la main sur la femme Esquimaude, prit ensuite l'homme, les considéra l'un après l'autre en silence, non comme ceux à qui quelque chose paroit nouveau & extraordinaire, mais comme chose qu'ils ont déja vûe, sans savoir où, & qu'ils cherchent à reconnoitre. La voyant si attentive à ces deux Figures, je lui demandai en riant pour la faire parler, si elle reconnoissoit là quelqu'un de ses parens; elle répondit: je n'en sais rien; mais il me semble avoir vû cela quelque part. Quoi, repris-je, des hommes & des femmes bâtis comme ceux-là? A peu-près, dit-elle; mais ils n'avoient pas de cela: [c'étoit des espèces de mouffles ou gands de peaux qu'ont mes figures] nous n'avions rien dans nos mains, continua-t-elle, si ce n'est lorsque nous avions attrapé quelques grosses anguilles, ou autres semblables poissons, & que nous l'avions écorché, nous fourrions [c'est son terme] nos mains &

nos bras dans la peau, qui s'y colloit jusqu'au coude. Quels plaisans habits, repris-je! Ceux dont vous avez idée, n'étoient-ils pas plus longs que ceux-là? [Les miens ne descendent qu'environ à mi-cuisse.] Non, ce me semble, répondit-elle; mais le poil n'étoit pas par-dessus, comme à ceux-ci *. Je levai pour lors quelques figures de mes autres Sauvages, lui faisant remarquer la bizarrerie de leurs pendant d'oreilles. A peine ôtoit-elle les yeux de dessus celles qu'elle tenoit toujours, & qui n'avoient aucun pendant d'oreilles, pour dire; oh, les nôtres n'étoient pas, comme ceux-là, ni pendus au bas de l'oreille; ils prenoient dès le bas & par derrière. Comme je n'ai rien vû dans mes figures, ni dans mes Relations qui me puisse figurer cette différence, & qui ait pû la porter à la faire, j'ai pensé qu'elle ne l'avoit faite que sur un souvenir dont l'origine ne peut être que dans ce qu'elle a vû dans ses premières années, & dont elle n'a plus qu'une idée confuse: aussi, ajouta-t-elle tout de suite, au reste ce sont des idées si éloignées, qu'il n'y faut pas compter beaucoup.

Aussi ne fut-ce pas ses paroles qui

* Extrait de Mc. Duplessis.

fortifièrent le plus mes conjectures ; mais cet inſtinct ou ſentiment naturel & non refléchi qui la fixa ſur ces deux figures ſeules, & ne lui laiſſa que de l'indifférence pour toutes les autres, comme ſi la nature lui eût fait ſentir qu'elles ne lui touchoient pas de ſi près que celles-ci ; au moins fut-ce l'induction que je tirai de la diſtinction qu'elle en faiſoit, & de ces paroles dites fort naturellement, *nous n'avions rien dans nos mains*, que la vérité ſeule, quoique inconnue, lui fit dire.

Non contente de ces premières épreuves, je me fis apporter un petit canot d'écorce d'arbre, qui m'avoit été envoyé avec les Sauvages, pour me faire voir ce qui leur tenoit lieu de nos grands vaiſſeaux pour voyager ſur mer & ſur les lacs. C'eſt une manière de petite chaloupe ou flobard fort étroit & comme pincé par les deux bouts, comme pour mieux couper l'eau de quel côté qu'il tourne ; la plus grande partie ne pouvant contenir qu'une perſonne. En lui faiſant voir celui-ci, long de plus de deux pieds, je lui demandai ſi elle connoiſſoit cela : oh oui, dit-elle, j'en ai bien idée ; mais il me ſemble qu'ils n'étoient pas tout-à-fait comme celui-là ; ils étoient comme couverts tout-à-fait, & il me semble qu'il n'y avoit qu'un trou au milieu, où on étoit jusqu'au milieu du corps, & qu'on couroit comme cela [figurant le mouvement pour ramer des deux côtés] de côté & d'autre sans avoir peur. Comme cette description du canot étoit toute conforme à celle que Me. Duplessis me donne du canot des Esquimaux, de laquelle sûrement, Mlle. le Blanc n'avoit aucune connoissance, je ne doutai plus qu'elle ne fût de cette nation, & qu'elle ne tint d'origine la description qu'elle me fit du canot couvert des Esquimaux. On en jugera comme moi en lisant les extraits de mes Relations en l'autre part.

Extrait de la Lettre de Me. Dupléssis de Sainte Helène, à Me. H...t, en date du 30 Octobre 1751, où il est parlé de la nation des Esquimaux.

N°. 4. VOUS aurez enfin vos Sauvages cette année, Madame & très-chère amie, &c. Les Esquimaux sont les Sauvages des Sauvages. On voit dans les autres nations des manières humaines quoiqu'extraordinaires ; mais dans ceux-ci tout est féroce & presque incroyable. Le fort de leur nation eſt vers la baye d'Hudſon dans le nord ; il y en a ſur les côtes de la terre de Labrador, (qui confine ladite baye, & borde une partie du fleuve St. Laurent) païs extrêmement froid. Ce ſont des Antropophages qui mangent les hommes quand ils les peuvent attraper. Ils ſont petits, blancs & fort gras. Malgré la rigueur du climat, ils n'allument preſque jamais de feu ; on croit qu'ils adorent cet élément. Ils mangent la viande crue, & leur nourriture plus ordinaire eſt la chair de loups marins. Ils s'habillent de la peau de ces animaux ; ils en font auſſi des ſacs où ils ſerrent pour le mauvais temps proviſion de cette chair coupée par morceaux. Ils ſont auſſi friands de l'huile qu'on en fait, que les yvrognes le ſont du vin. Ils ont des trous ſouterrains où ils ſe fourrent, & y entrent à 4 pattes comme des bêtes ; & quelquefois l'hyver ils ſe font des cabanes de neige ſur la glace de quelques bayes, où il y a plus de cent pieds d'eau ſous eux : ils demeurent là ſans ſe chauffer, mais ils mettent double robbe de peaux de loups marins. Les femmes, qui couſent très-proprement ſe font de petites tuniques de peaux d'oiſeaux, la plume en dedans, qui les échauffe, & d'autres tuniques de boyeaux d'ours blancs, qu'elles ouvrent après les avoir grattés comme pour faire du boudin; elles assemblent ces bandes en forme de chemises, qu'elles mettent sur leur tunique de peaux, pour que la pluye ne les pénètre point. Elles mettent leurs petits enfans dans leur dos, entre la chair & la tunique, en sorte qu'elles tirent ces pauvres innocens par dessous le bras, ou par dessus l'épaule pour les faire tetter: elles leur mettent seulement une espèce de braye qu'elles changent lorsqu'elles sont sales. Ce qui sert de culotte aux hommes n'a point d'ouverture, cela est fait à peu-près comme un tablier de Brasseur, mais plus étroit; ils le lient à leur ceinture avec une corde. Celle des femmes est ouverte; & quand elles s'asséyent à terre, leur siége ordinaire, elles tirent la queue de leur habit, qui est longue, entre leurs jambes, par un instinct de modestie.

Depuis que les Basques, les Mallouins & les Négocians François de ce Païs-ci ont des postes établis à Labrador pour la pêche du Loup marin, les Esquimaux les approchent quelquefois, & même traitent avec eux. Personne n'entend leur

Langue ; mais ils sont fort ingénieux pour se faire entendre par signes. Ils sont adroits & font eux-mêmes les outils qui leur sont propres. Ils travaillent le fer, & passent les peaux. Ils construisent des canots avec des cuirs qui ne prennent point l'eau, & ils les couvrent par-dessus de manière qu'il y a au milieu une ouverture comme à une bourse, dans laquelle un homme seul se met, & liant à sa ceinture cette espèce de bourse, prend un aviron à deux pêles, comme il y en a un ci-joint, & affrontent avec cela les plus mauvais temps & les poissons les plus forts. Ils ont beau tourner dans ce canot, ils se retrouvent toujours droits. Ils nagent à droite & à gauche également selon la nécessité. Ils font aussi de petites chaloupes de bois, que les femmes menent en ramant à reculons comme les matelots.

Quand ils viennent la nuit près les habitations des François, on fait tirer sur eux deux ou trois coups de pierriers ; cela les fait fuïr comme des oiseaux ; car ils craignent le feu & tous les autres hommes, c'est ce qui fait qu'ils ne font point de feu de peur que la lueur ou la fumée ne les fassent découvrir. Ils ont mangé autrefois plusieurs de nos François ; mais je sçais de quelques autres, qui en ayant été attaqués, s'étoient trouvés les plus forts, & en avoient tué quelques-uns, que pour cacher leur meurtre, & ne pas s'attirer la vengeance de cette nation ils avoient jetté ces corps morts à la mer ; mais que ces hommes n'enfoncent jamais dans l'eau, mais flottent dessus comme du liége. On attribue cette propriété à ce qu'ils ne se nourrissent que de graisse & d'huile de poissons.

On a pris quelques petites Esquimaudes que l'on a apprivoisées ici ; j'en ai vû mourir dans notre Hôpital ; c'étoit des filles fort gentilles, blanches, propres & bien chrétiennes, qui ne conservoient rien de sauvage. Elles parloient bon François, & quoiqu'elles se plussent dans les maisons où elles demeuroient, elles ne vêcurent pas longtemps, non plus que les autres Sauvages qui sont chez les François. On achête ici ces sortes d'esclaves bien chers, à cause de la rareté des domestiques, & l'on n'en est pas mieux, car ils meurent bien-tôt.

Extrait de la Relation du Baron de la Hontan, Officier François, Voyageur dans tout le nord du Canada depuis 1683 jusqu'en 1694. Pag. 6 & suiv. *Des Esquimaux.*

LA source du Fleuve St. Laurent, &c. N°. 5.
Ce Fleuve a 20 ou 22 lieues de large à son embouchure, &c. D'un côté l'Isle percée ; c'est un gros rocher percé à jour..... Les Basques & les Malloüins (ou Normands) y font la pêche de la Morue en temps de paix, &c. De l'autre côté du Fleuve on voit la grande terre de Labrador ou des Esquimaux, qui sont des peuples si féroces, qu'on n'a jamais pû les humaniser..... Les Danois sont les premiers qui ont découvert cette nation..... Elle est remplie de Ports, de Bayes, où les barques de Quebec ont accoutumé d'aller troquer les peaux de loups marins que leur apportent ces Sauvages pendant l'été...., Voici comment cela se fait.

Dès que ces barques ont mouillé l'anchre... ces Sauvages viennent dans des petits canots de peaux de Loups marins, qui sont cousues ensemble, qui font faits à peu-près comme des navettes de Tisserand, au milieu desquels on voit un trou... où ils se renferment, assis sur leurs talons au moyen d'une corde. Ils rament de cette manière avec des palettes... sans se pancher crainte de renverser. Dès qu'ils arrivent... ils montrent leurs pelleteries au bout de l'aviron, & marquent en même-temps ce qu'ils demandent.... Couteaux, poudre, balles, fusils, haches, chaudières, &c. Enfin chacun montre ce qu'il a, & ce qu'il prétend avoir en échange. Le marché conclu, ils reçoivent & donnent au bout d'un bâton. Si ces Sauvages ont la précaution de ne pas entrer dans nos bâtimens, nous avons aussi celle de ne nous pas laisser investir par une trop grande quantité de canots; car ils ont enlevé assez souvent de petits vaisseaux pendant que les Matelots étoient occupés à manier & remuer les pelleteries & les marchandises. Il faut bien se tenir sur ses gardes avec eux pendant la nuit; car ils ont des chaloupes qui vont aussi vîte que le vent, & dans lesquelles ils se mettent trente ou quarante hommes. C'est par cette raison que les Malouins qui pêchent la morue dans le petit Nord, & les Espagnols à Portochoua, sont obligés d'armer des barques longues pour courir la côte & les poursuivre; car il n'y a guères d'année qu'ils ne surprennent à terre quelques équipages, & qu'ils ne les tuent.... Il est constant qu'ils sont plus de trente mille combattans; mais si lâches & si poltrons, que 500 Clistinos de la Baye d'Hudson ont accoûtumé d'en battre cinq ou six mille. Leur païs est grand, car il s'étend depuis la côte vis-à-vis l'Isle de Minguan (au nord de l'embouchure du Fleuve St. Laurent) jusqu'au détroit d'Hudson. Ils passent tous les jours à l'Isle de Terre-neuve par le détroit de Bellisle, qui n'a que sept lieues.

Mémoires de l'Amérique septentrionale, ou Suite des Voyages du Baron de la Hontan, Tom. II. Pag. 42 & 43, édition d'Hollande.

N°. 6. Les Écureuils volans sont de la grosseur d'un gros rat, couleur de gris blanc.... On les appelle volans, parce qu'ils volent d'un arbre à l'autre par le moyen d'une certaine peau qui s'étend en forme d'aîle lorsqu'ils font ces petits vols.

Les Loups marins, que quelques-uns appellent veaux marins, sont gros com- des dogues. Ils se tiennent quasi toujours dans l'eau, ne s'écartent jamais de la mer. Ces animaux rampent plus qu'ils ne marchent.... Leur tête est faite comme celle d'une Loutre, & leurs pieds sans jambes sont comme la patte d'une Oye.... Ils cherchent les païs froids, &c.

FIN.